Laurence Gomis

Délicieuse prose

Amour et désamour
des ténèbres à la lumière

© 2019, Laurence Gomis

Edition : Books on Demand,
12/14 rond-Point des Champs-Elysées, 75008 Paris
Impression : BoD - Books on Demand, Norderstedt, Allemagne
ISBN : 9782322170906
Dépôt légal : Mars 2019

Dédicaces

Je dédie ce livre à ma mère, ma lionne des sables qui m'a appris à écouter mon cœur et suivre ma voie.
Également, je fais une dédicace à ma famille qui m'a toujours conseillée et encouragée dans mon travail rédactionnel.
Enfin je fais une mention spéciale à mon mentor, un grand journaliste qui se reconnaitra.

Beauté de notre nature

Je fuis, je cours, je m'envole
Je m'éloigne des mondanités et du tumulte
Vers des contrées inconnues
Où la nature est généreuse

Et cela m'induit à penser : « qui sommes-nous pour mériter cela ?»
Nous sommes cette même nature
Nous sommes au centre de cette expérience qu'est la vie
Dans ce cadre somptueux, nous expérimentons la magie de la vie

Les éléments se coordonnent parfaitement pour nous servir
Nous sommes faits des mêmes éléments que nous trouvons dans la nature
Ce n'est un secret pour personne
En nous réside cet amour, cette justesse et cette perfection

Notre cœur est le réceptacle de cette joie éternelle
Et l'intuition nous guide pour exprimer cet amour

Délicieux silence

Le silence est doux
Comme une protection contre le monde extérieur
Il nous rappelle notre origine céleste

La substance métaphysique
Le silence est l'écho de notre âme
Telle une enveloppe de lumière

Le silence est d'or nous a-t-on dit
Il fait jaillir les faisceaux lumineux d'un autre monde
Celui où tout est merveilleux

Le silence est une méditation
En ce temps-là où l'on écoute battre son cœur
Le chœur des anges nous chante une chanson nous connaissons

Le silence est la voie royale
Celle de la création
De ce monde éclot la beauté et la magnificence

La nature opère en silence
Les saisons s'enchaînent sans bruit
Et les éléments de la nature jouent un ballet silencieux ou presque

La mer vient offrir une délicieuse dissonance
Elle accompagne le silence de sa douce berceuse
Le silence est un cadeau de l'univers qui s'est créée en lui

Il nous porte et nous guide dans la nuit
Le silence contraste avec le jour et sa musique tonitruante
C'est l'apaisement du cœur

Le silence est en nous et nous sommes le silence
Il galvanise le héros et le mène à la fois au combat et à la victoire
Le silence nous précède et nous succèdera

Le silence est à la nuit ce que la musique est au jour
Mais la nuit est immergée dans la musique de la nature
Cette dernière s'efface et ne s'arrête dans le jour

Le jour n'est pas encore levé mais l'heure avance
Et sa musique tonitruante commence…

Dialogues avec la nuit

Les ténèbres nous frappent de leur forte présence
La nuit est noire et belle
Blottis en elle, chacun s'évade en son sommeil

Pendant ce temps-là, je veille et je médite
A chaque heure ténébreuse, la nuit nous regarde avec sa bienveillance
Tantôt heure du crime ou heure de créativité
Chacun est le bienvenu comme il est

Nous sommes libres et égaux face à la nuit
La torpeur nous frappe tous dès qu'elle vient
Dans cette nuit parfaite et uniforme,
nous sommes immergés dans une bulle
Où il n'y a plus un bruit et où la nature reprend ces droits

La nuit est un royaume ou la nature est reine
Elle crée sans cesse son œuvre magistrale
Notre corps retrouve sa sérénité et son énergie

Les créatifs du monde entier s'accordent
Pour ouvrir leur cœur et créer en toute quiétude
Tic-Tac, le nuit me regarde
Elle me refuse le sommeil et l'heure s'écoule
Je lui demande ce qu'elle veut

Elle veut témoigner de son empreinte magnifique sur chacun de nous
Elle me regarde avec ses yeux brillants et m'hypnotise
Ainsi, j'écris jusqu'au lever du jour sans que l'épuisement ne m'assaille

La nuit a des secrets à révéler à chacun
Regardez-la et écoutez-la et vous serez émerveillés

Etreintes crépusculaires

Chaque nuit est unique
Chaque nuit est passion
Chaque nuit est source d'émerveillement
Chaque nuit est un appel à l'amour

La nuit est une convocation à la sensualité
Ce qui se passe entre les draps ne sort de l'alcôve
Chaque soir nous prenons une coloration différente
La couleur de l'amour
De notre peau émanent des effluves sensuelles

Le toucher nous amène à la conquête de l'autre
Pour ainsi se fondre en lui
Cette étreinte du crépuscule n'est pas seulement pour le plaisir sensuel
Mais c'est l'éveil à l'amour et le réveil de l'esprit

Êtres endormis tout le jour, ils s'éveillent la nuit arrivée
Et retrouvent leur créativité avec l'exacte connaissance de leurs sens
Telle une danse, l'un va s'accorder à l'autre dans une chorégraphie intuitive
L'envie de se donner à l'autre est trop forte

Il en découle la joie et c'est une connexion entre deux corps
Et la félicité pour deux âmes
Cela rappelle que nous sommes l'union de la chair et de l'esprit
Tous deux faits d'amour

Voilà un retour à soi-même et à sa source

Infinie langueur

Je suis étendue sur la plage
Seule mon âme vibre au rythme des flots de la mer
Dans l'attente de la réponse à mes questions existentielles
Sans grande complaisance avec ma lenteur
Je tente de me mouvoir

Rien n'y fait, une chape de plomb m'écrase
Mon questionnement pèse de tout son poids sur mon esprit
Mais qui sommes-nous, d'où venons-nous, où allons-nous ?
Des questions présentes en chacun

La lumière de mon âme fait écho à la lumière du soleil
Elle réchauffe mon corps et provoque une grande détente
Dans une langueur ultime
La mer et sa présence bienfaisante me plonge dans l'éternité
Cela me donne l'assurance que mon âme existera de toujours à toujours

Fille d'Adam et Eve, je reviendrai à la terre
Mon âme, elle, naviguera d'un monde à l'autre
A travers les montagnes, dans les rivières ruisselantes
Et les forêts verdoyantes
Je vivrai la félicité suprême

Après ses révélations de la mer, mon âme danse
Et je me remplis de joie, sans aucun doute que la mer a raison
Je dois communier avec elle et les éléments avant le crépuscule de ma vie
Ainsi, je vivrai un retour à la source, la nature

L'amour en nous

Un mot, un regard, une missive, tout peut être prétexte à aimer
Nous sommes amour dans notre âme et notre chair
L'amour ne vient pas de loin, il est tout proche

Il est en nous et partout
De nombreux élus l'ont déjà évoqué
Mais très peu l'entendent

La nature est si parfaite que seul un élan d'amour peut être à son origine
Nous vivons dans un monde ou parfois nous refusons l'amour
Puis à travers la vision d'un paysage magnifique
Un poème, une chanson il se rappelle à nous

L'amour ne nous quitte jamais, même quand nous l'oublions
Certains aiment l'amour, heureux sont-ils
Quand d'autres ont de la haine en eux

Si on y regarde de plus près c'est de l'amour
Qui s'est transformé sous le coup de la souffrance
Notre âme est pétrie d'amour
Les mots font résonner l'amour dans les cœurs
Et connectent tous les êtres vivants

L'amour est éternel, au-delà de toute croyance
Je n'ai qu'une seule religion, celle de l'amour

Ame perdue

Mon âme vole en éclats
Et mes larmes ruissellent sur mon visage
J'ai chancelé et je suis tombée
Quelle main se tendra pour me relever

J'ai avancé masquée et agi dans le secret
Qui sera présent pour entendre mon désarroi
Je crie de l'intérieur mais je vais devoir sourire en dépit de tout
Mon ciel s'obscurcit

La tempête ne s'est pas encore levée
Mais le ciel s'assombrit déjà
Je tremble de tout mon être
Car les dommages seront de grande ampleur

J'ai avancé masquée et agi dans le secret
Auprès de qui vais-je m'épancher
Auprès de qui vais-je crier ma douleur
Qui sera présent pour apaiser cette sensation de mort intérieure

La tempête ne s'est pas encore levée
Mais le ciel gronde et les animaux cherchent refuge
Mon cœur n'est pas serein, il est angoissé
Je pressens que la perte sera grande

Chemin des ténèbres

Je cherche ma route
Une nuit noire m'empêche de voir mon chemin
Ce sentier est semé d'embûches
Il y a des bêtes à la fois féroces et étranges

Je demande de l'aide mais personne ne m'entend
Je crie vers les Dieux mais nul ne me répond
Il fait froid, je suis seule dans les ténèbres et j'ai peur
La nuit de l'âme est elle pire que la nuit céleste ou l'heure du crime sonne

Chacun déterminera sa réponse
La noirceur de mon âme m'afflige
Le désespoir m'envahit
Mes jours sont en péril

Il existe pourtant un coin de lumière
Je connais ce lieu, je m'y trouve parfois
Mais il est difficile à atteindre
Pour y accéder, je dois passer par des chemins tortueux et dangereux

Je veux prendre le risque
Car je veux que mon âme voit la lumière du jour
Et me remplisse de joie

La quête du cœur

Mon cœur et moi sommes à la recherche d'un espace de communion
Pour s'épanouir ensemble et s'exprimer d'une seule voix
L'honnêteté est la clé pour sortir de cette impasse
L'écouter ou l'ignorer telle est la question

Tout est désormais clair dans mon esprit
J'arrête tout pour retrouver mon cœur
Tu es ma source, mes origines, ma base
Je crois en notre union éternelle

Cela fait un long moment que je te parle
Tu me réponds mais je ne t'entends pas
Ou plutôt, je ne t'écoute pas
Et chacun de nous souffre en silence

Jadis nous étions connectés en toute fluidité
Aujourd'hui c'est la cacophonie en moi
Doutes, craintes, rancœurs se sont invités
Je n'arrive plus à faire la part des choses

Mon cœur tu me manques infiniment
Ta douce voix savait m'apaiser et me conforter
La blessure de ton absence est vive
Quand pourrons-nous trouver un terrain d'entente

Pas à pas je vais délier les fils de cette toile qui m'empêche d'aller vers toi
Je ne perds pas espoir, tu es toujours dans ma poitrine
Ta simple présence m'apporte de la joie
Je crois en notre union éternelle

Richesses

Nue et pauvre je suis
Pourtant, en moi jaillit une lumière inestimable
Dans le dénuement je vis
Néanmoins je vis un rêve

La magie de la vie opère chaque jour en moi
Le fluide divin traverse mes veines
Et me fais chanter la vie
Au diapason avec mon cœur

Juste dans mes décisions
La principale étant le refus de l'aliénation
La course à la richesse, on ne m'y prendra pas
Je préfère la nudité et l'humilité

Vous pouvez prendre mon peu de biens
Mais nul ne volera ce que j'ai dans la poitrine
Là mon est trésor
Mon cœur vaut plus que de l'or

Je n'ai aucun doute sur ma fidélité au ciel
Et que j'ai les pieds sur terre
Ma vie et mon cœur sont riches
Et la beauté de l'existence n'en finira pas de m'émerveiller

Où est Dieu ?

Mais qui es-tu donc Dieu ?
Un être à l'infinité d'attributs ?
Un élan créateur à l'origine de toutes choses ?
Un homme, une femme, rien de cela?

Tu es tout cela et même bien plus
L'amour infini et la sève créatrice
Nous sommes cet amour éternel et cette force créatrice
Nous sommes un peu de toi

Dieu je te cherche, mais je ne sais comment t'aborder
Tu es là sur ta haute montagne d'or
Ton trône céleste d'où tu nous regardes
Je cours vers toi et je ne te vois pas

Où te caches-tu ?
As-tu décidé de me tourner le dos ?
De m'éprouver jusqu'au sommeil de la mort ?
Je ne sais plus quoi penser

Malgré ton absence, le désespoir ne m'a pas gagnée
Je te suis fidèle à ma manière et sans te voir
Je sais que tu es là
Tu œuvres pour le monde et donc aussi pour moi

L'inconnu

La chance m'a souri ce matin
Nos corps se sont croisés dans la cohue
Qu'en est-il de nos âmes
Ma substance a soif de découvrir la tienne

Ta main m'a effleurée dans ce couloir interminable
Mais d'un pas pressé tu as disparu
Dans cette masse informe et sombre
Cette population se hâtait à prendre son train
Dans la locomotive, le hasard nous a réunis

Ton regard s'est posé dans mes yeux
La glace s'est fissurée, puis brisée
Tant de chaleur émanait de nous
Mon âme a tressailli de joie

Pas un mot n'est sorti de ta bouche sensuelle
J'aurais voulu te parler mais le mutisme m'a frappée
Le langage des yeux a primé
Le temps s'est arrêté pour nous

Tu es descendu a Charonne
J'ai continué ce transport amoureux seule
Mon cœur a joué une symphonie avec le chœur des anges
Mon âme a soif de découvrir la tienne

La danse de la nuit et du jour

Sortez vos instruments pour jouer l'hymne de la joie
Le dénouement heureux a eu lieu
L'attente a été longue
La vie a fait son œuvre magique

Après avoir mordu la poussière dans l'obscurité
La lumière m'éclaire à nouveau
Mon bourreau a été pris de pitié
Il m'a épargnée, me voyant meurtrie

La nuit parait parfois longue
Mais elle ne dure qu'un temps
Gardons patience avant que le jour ne se lève
Et que le soleil illumine le cœur

Nuit et jour se succèdent continuellement
Prenez part à la danse de chacun de ces moments sacrés
Et là vous apprendrez à vibrer avec la vie
Des moments magiques s'offriront à vous

Condamnée à une mort certaine

J'ai le souffle coupé, je suis abasourdie
Mon bourreau a pris la fuite et quitté la prison
Mais personne ne vient me délivrer
Pieds et poings liés je suis

Prisonnière et coincée entre les quatre murs de ma geôle
Ses barreaux s'ouvrent vers l'infini
Je les compte tout le jour
J'ai l'espoir qu'âme qui vive passe par là

Dans ma solitude, je me lève et je pars
Mais ce ne sont que de vains songes
A défaut d'une exécution sommaire
Je suis condamnée à me consumer lentement

Nul n'a pitié de ma personne, pas même Dieu
Le temps de la rédemption a-t-il sonné ?
Peut-être bien trop tard
Pour me réchauffer, je me remémore mes jours heureux

C'est là que des pensées noires surviennent
La culpabilité ronge mes os
Qui pour me sauver ?
La mort dans toute sa splendeur

Elle m'accueillera dans ses bras dorés
Et la lumière transpercera mon cœur

Renaissance

La rosée du matin se pose sur les brins d'herbe
Le fruits sont mûrs, doux, prêts pour la récolte
La rose éclot et embaume de son parfum enivrant
Emerveillement et perfection en ce lever du jour

C'est pourtant la fin d'un cycle
L'hiver se termine, mais aussi notre amour
C'est la fin d'un attachement oppressant
La liberté reprend ses droits

Un vent de fraîcheur souffle sur ma nuque
La légèreté s'empare de mon corps
Renaissance et bourgeonnement
Sont au centre de mon existence
Un nouveau chapitre s'ouvre

Les chaines sont rompues
Le boulet roule loin de mon pied
Et s'échoue en terre inconnue
Ma mue s'amorce et je me libère du carcan dépassé
Je me libère de ton ombre derrière moi

La lionne des sables

Déracinée, elle a fui la misère et la guerre
Billet en poche, elle part pour un nouveau monde
L'âme vive et la rage de vivre chevillée au corps
Elle se construit petit à petit sur une nouvelle terre

Le voyage a été long et parsemée de rencontres marquantes
D'aventures en aventures les uns entrent et les autres sortent de sa vie
Les blessures et les deuils n'auront pas eu raison de cette lionne
Les blessures et les deuils n'auront pas eu raison de sa foi en elle et en la vie

Toujours prête à rassembler les siens et les protéger
Parfois, elle s'efface pour le bien commun
Loin des chicanes, elle reste debout pendant les zones de turbulences
C'est une véritable héroïne moderne pleine de compassion et éprise de liberté

Forte et sensible, elle porte sa famille à bout de bras
Infatigable et guidée par l'esprit du collectif
Elle tend la main à celui qui manque
Elle n'oublie pas d'où elle vient

A l'âge des cheveux gris, elle se remémore son chemin
Elle ne regrette rien
Fière d'elle-même, c'est l'âge de l'indépendance et du retour aux racines
Une nouvelle page se tourne avec l'assurance d'une belle histoire à conter

La voie tracée

Suivre ou non la voie
Aimer ou mépriser l'autre
Se mouvoir ou s'alanguir
Suivre ou non la voie

Un chemin tracé par des hommes éclairés
Tels des bergers qui mènent leurs troupeaux
Non ce n'est pas la voie que j'ai choisie
Je suis éprise de liberté

Suivre ou non la voie
Fuir ou affronter la vie
S'enchaîner ou virevolter
Suivre ou non la voie

Le chemin sinueux rythmé de soleil et de brouillard ténébreux
Le chemin sinueux rythmé de chutes et de relèvements
Cette route est la bonne
Cette route réserve des surprises inoubliables

Suivre ou non la voie
Refuser les codes établis
Créer ou se réinventer
Suivre ou non la voie

Conscience de la finitude

Le cœur enserré dans les griffes de l'angoisse
A l'idée de vivre sans lui
La peur et la mélancolie m'assaillent
Un vent mauvais souffle autour de moi

La brume a fait son entrée dans mon esprit
Une soudaine obsession de la finitude s'empare de moi
L'attachement est au cœur de mon débat intérieur
Pourquoi se lier si on doit faire le deuil

Il a failli entrer dans la nuit et l'ombre
Disparaître de mon monde et sortir de ma vie
Une partie de moi aurait disparu
Comme si l'on m'amputais d'un membre

Mais il est encore là, présent à la vie
Le jeu de l'existence n'est pas encore fini
Jouissons de ce fabuleux nectar vivifiant
Et saisissons l'instant

Mémoire du cœur

Je me bats contre des vents m'assaillant de toutes parts
Je me sens défaillir mais je garde l'esprit vif et le cœur vaillant
Ai-je encore le courage de me battre ?

Le cœur a bonne mémoire
J'ai jadis décrété son amnésie mais rien n'y a fait
Minute après minute il me conte notre récit

Je me suis arrachée à sa présence
Je fuis sa peau, son odeur, son regard
Malgré mes tentatives la mémoire de mon cœur demeure intacte

J'avais cru embrasser de nouveaux chemins
Mais tous mes chemins me mènent à ma Rome éternelle
J'ai cherché à regagner ma liberté, mais l'amour me maintient captive

Partagée entre deux feux, mon cœur est en lambeaux
Comment vais-je recoller les morceaux
Par ce que je sais faire de mieux, prendre le large et la plume

Jusqu'à quand vais-je fuir
Je suis un être mystérieux et insaisissable pense-t-il
Je ne fais que protéger mes trésors de lumière

Oui, une lumière aveuglante et éternelle
Que seul un guerrier pourra dompter

Tempête intérieure

Le cœur dans la tourmente, je demeure impassible
Mes yeux sont secs et ma parole exaltée
Pourtant le tumulte sévit et gronde de l'intérieur

Mon jardin intérieur a sombré dans la tempête
Cet orage menace de terrasser la végétation luxuriante
J'invoque le ciel pour qu'il m'épargne

Tout ce que nous faisons nous revient
Et en justes conséquences de mes actes
Je suis tragiquement rétribuée

La porte de mes émotions laisse jaillir une lumière
Celle de l'espoir en l'invisible et le futur
Je sais que cette tempête est de courte durée

Maintenant, je dois laisser place à la confiance
En ce qui n'est pas encore là
Mais qui me réjouira de façon certaine

Guerre des sentiments

Désespérément, je suis en quête d'un espace de liberté
Mais mon cœur m'enchaine à un amour passionnel
Transcendant, il me dépasse et m'écrase

Je ne sais si je suis assez forte pour ouvrir les yeux
Ces sentiments me plongent dans un rêve d'un amour paisible
Mais contraire de la paix, mon cœur fait la guerre entre deux états

Le désir à l'état pur
La fusion des cœurs et des émotions
Et ce qu'il en reste est le déchirement

J'oscille entre joie et grande douleur
Mon cœur est transpercé par une multitude d'épines
Et la rose n'éclora jamais

Très consciente que cet amour est à l'inverse de l'épanouissement
Je cours à la recherche d'une échappatoire
Seulement celle-ci ne se présente pas

Toutes les portes sont fermées
Suis-je condamnée à dépérir d'amour ?
Ma solution, attendre que le vent tourne

Danse avec les mots

C'est d'une plume langoureuse
Que j'écris une nouvelle page de ma vie
Entre rencontres, déceptions et révélations

Mon esprit bouillonne
Mais la surchauffe n'interviendra pas
C'est en douceur que l'inspiration fait son apparition

Mon esprit est comme un métal précieux en fusion
Il me garantit de déverser les mots capitaux pour mon plaisir
Telle une rivière d'or déchaînée

Toute émotion est prétexte
A conter chaque note de ma partition intérieure
Je fais chanter la vie

Chaque minute, je sens le nectar de la vie
S'écouler dans mes veines
Et me procurer félicité et bonheur

Tel un champ de tulipes de Hollande et chemin faisant
Je cueille allègrement ces fleurs embaumant l'atmosphère
J'embrasse la beauté de l'univers

Cœur limpide

Après le déversement d'un océan de larmes
La sève créatrice rejaillit
Et mon cœur vit une nouvelle naissance

Mon cœur est à nu
A fleur de peau, mes émotions sont sincères
Et d'une force colossale

Je me réjouis infiniment de la situation
Car la lumière abonde
Et me plonge dans l'éternité

Mon cœur est à nu
Et il y voit clair
Limpides sont mes sentiments

Je ne fuis plus mes émotions
L'heure de la vérité à sonné
Et je suis prête à la recevoir

Larmes d'or

Perdue dans le désert, une chaleur suffocante m'étouffe
Depuis des jours et des nuits je cherche désespérément mon chemin
J'ai fui ta présence car mon espace me manquait
Mon cœur était muet et sourd
Je n'ai pas su le faire parler à temps

Désormais mon cœur se vide de larmes d'or
Destinées à couvrir ta peau d'un manteau royal
Tout à fait à ta mesure
Me pardonneras-tu cette fuite
Je ne le sais guère

Ce que je sais est que même si tu ne le vois ni ne l'entends
Mon cœur sera toujours à l'écoute du tien

Parade nocturne

Le crépuscule est proche et le ciel va se parer d'un voile de jais
Les étoiles vont prendre place et nous pourrons les admirer béatement
C'est le merveilleux décor de nos retrouvailles
Et les prémisses d'une amoureuse parade

A la lumière du candélabre tu confesses tes sentiments
Et tu m'invites à la danse de l'amour
Timidement je prends ta main et je me laisse guider
Comme si mon sens de la vue avait disparu

A l'aveugle, mon cœur se met à s'exprimer
Il nous entraine dans un moment de communion
Dans un mélange fusionnel, tu me saisis
Tel un trophée après une âpre bataille et tu te fonds en moi

Après une nuit tumultueuse, le petit jour cède sa place à la raison
Et nous devons nous quitter comme des inconnus
C'est le jeu de notre union, discrète et indéfectible
Mon corps et mon âme garderont la mémoire de ces moments

Reconquête

Le drame de ma vie se déroule sous mes yeux
Le bonheur m'échappe et se transforme en fumée noire
Comme pour me prévenir du malheur qui me guette
Je suis telle une rose qui n'embaume pas
Je n'éveille pas ton cœur

Ma douleur me transperce de toutes parts
A l'image d'une bataille contre plus fort que moi
Et sans doute perdue d'avance
Pourtant, je reste ferme en pensée
Dans l'attente d'un moment de faiblesse de l'ennemi

Cette lutte est d'une âpreté qui ne dit pas son nom
Mais mon âme garde le cap
La lumière pointe et me regarde en face
Alors la victoire n'est pas loin
Et ta reconquête non plus

Promesse éternelle

Ces galets magnifiques et bigarrés torturent ma chair
Mais ce n'est pas là l'essentiel
Le spectacle marin et ta présence prennent le dessus
Je suis blottie contre toi et les yeux fixés sur l'horizon
Nos deux cœurs battent à l'unisson

Un moment propice aux plus belles déclarations
Nous verrons si celles-ci s'envoleront ou resteront pour l'éternité
Et si ce puissant amour durera une nuit ou une vie
Du premier échange au moment où notre union a été scellée
Mon cœur est resté confiant

L'infini s'ouvre à nous les bras grands ouverts
Je t'ai trouvé et n'ai qu'une quête, te garder près de moi
Mais je sais que par excès de confiance ou d'orgueil
Nos chemins peuvent se séparer
Et me plonger dans la tourmente

Tu m'as fait cette promesse
Celle que l'on ne peut faire qu'une seule fois
De résister à travers le temps, les désaccords, les épreuves
Sur cette plage, sous ce soleil déclinant
Sans dire un mot, mon cœur acquiesce

Cœur dépourvu d'amour

La source est à sec, seuls le sable et la terre demeurent
Ni faune, flore, ni âme qui vive
Le cours d'eau a changé brutalement de direction
Et n'abreuve plus mon cœur
Je suis semblable à une terre devenue aride en plein milieu d'une oasis

Mais quel non-sens
L'espace n'est pas complètement condamné, mais il se meurt
A mesure que cette terre se dépourvoit d'eau
Mon cœur se durcit
Et mes plus belles émotions disparaissent avec le désamour

En parcourant ce trou béant
Causé par les doutes, les rancœurs et le manque d'amour
J'ai aperçu une fleur d'une beauté rare
Une de celles qui résistent aux ravages
De ces émotions contradictoires

En attendant la plénitude…

Auparavant, absente à moi-même, je ne répondais plus de rien
De ma mémoire se sont effacées les plus belles années de mon existence
Pour laisser place à un vide abyssal

Je suis à l'écoute de cet instant de silence et de latence
Car ce que l'on nomme le hasard prépare pour moi une rencontre
Un rendez-vous avec mes émotions les plus lumineuses

Elles ressemblent à un lac paisible, surmonté de nénuphars et fleurs de lotus
Où le soleil se fond le crépuscule arrivé
Je suis pareille à un volcan en éruption, tels mes sens sont en éveil

A fleur de peau, cette onde me donne à voir la magie de la vie
Tant de joie émane de moi à la vue des vagues s'écrasant sur le rivage
Et ces jeunes amoureux se promettant un amour éternel

J'ai retiré ces couches de faux-semblants, non-dits et hypocrisie
Pour laisser place à la vérité nue
Le plus beau cadeau qu'un être humain puisse donner

Liberté chérie

A qui puis-je appartenir si ce n'est à moi-même ?
Je ne peux donner mon cœur pour finir par le perdre
J'ai trop conscience que ma liberté m'est fondamentale et inaliénable
Elle m'apparait comme une expérience trop profonde pour être négligée

Se connaitre soi-même avant de connaitre l'autre et s'unir
Voyager en soi, être soi-même, être en union avec soi
Je me choisis en premier, je ne m'abandonne qu'au meilleur de la vie
A ce tourbillon délicieux d'expériences, de rencontres et de partages

Je sais ce que j'ai à offrir, ma richesse infinie
Un parterre de roses à celui qui désire les voir avec son cœur,
Qui s'abandonne librement et me garantit mon espace de liberté chérie

Quête de pure vérité

J'ai soif de profondeur, d'authenticité et de vérité
Dans mes émotions et sentiments
La pureté du cœur m'appelle
Voyager léger et poser ses valises en lieu sûr
Voilà ce à quoi j'aspire depuis toujours

Je ne suis pas encore arrivée à bon port
Il me tarde de voir ce lieu paradisiaque où je serai apaisée
Sur ce chemin, des embûches viennent troubler mon pas décidé
Vieux démons et cicatrices sur mon corps me ramènent vers un passé
Que je refuse de revivre

Dans cette nuit de l'esprit, je n'y vois pas clair
Mon discernement m'échappe parfois
Mais la raison l'emporte toujours
Qu'en est-il du cœur ?
Il a ses raisons que j'ignore encore

Mon cœur est saturé d'émotions que j'ai hâte de transmettre
Il y a urgence, ma survie en dépend
Je suis assise sur un trésor rythmé de rires, de folie et de larmes
Ma quête n'est pas vaine
Je laisse s'échapper des filets d'or

La lumière perce les nuages et m'éclaire
La diffuser est ma seule issue
Elle est le salut de mon cœur et mon âme

Cicatrice

A la place d'un trou béant dans le cœur
Une cicatrice que j'ose à peine regarder
La douleur n'est plus vive
Mais le souvenir demeure

Le déni de la réalité me prends encore
Mais la vérité est toujours la plus forte à ce jeu là
Elle m'entraine dans des chemins sinueux
De tristesse, colère et dégoût

Aujourd'hui mon cœur joue une musique indéchiffrable, mais magnifique
Celle de la beauté et de l'amour
Je suis semblable à une rivière qui déborde hors de son lit
Pour abreuver la terre ensemencée et faire fleurir les champs